BRONZES ET MEUBLES

DE L'ÉPOQUE DU PREMIER EMPIRE

TABLEAUX — LIVRES

COMMISSAIRES-PRISEURS

M° P. CHEVALLIER | M° PAUL POPIN

EXPERTS

M. ARTHUR BLOCHE | M. A. DUREL

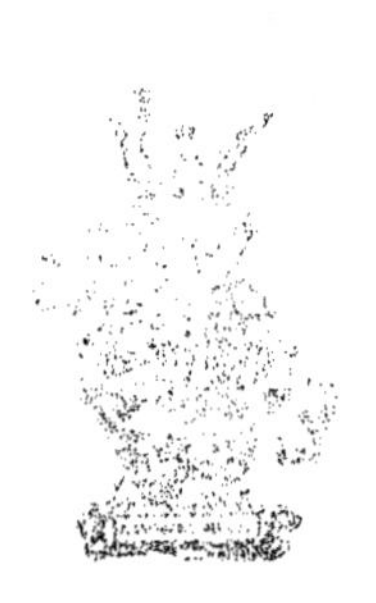

CATALOGUE

DE

BRONZES

De l'Époque du Premier Empire

De MANIÈRE, LEPAUTE, THOMIRE

PENDULES, CANDÉLABRES, APPLIQUES, FLAMBEAUX, LUSTRES

BRONZES DE BARBEDIENNE

Porcelaines, Faïences, Biscuits, Émaux de Limoges

TABLEAUX, GRAVURES

MOBILIER DE SALON, de JACOB

SIÈGES ET MEUBLES

Des Époques Louis XVI et Empire

LIVRES, MOBILIER COURANT

DONT LA VENTE, PAR SUITE DE DÉCÈS

AURA LIEU, A PARIS

HOTEL DROUOT, SALLE N° 1

LES JEUDI 9 ET VENDREDI 10 MARS 1905

à deux heures

COMMISSAIRES-PRISEURS

Mᵉ PAUL CHEVALLIER	Mᵉ PAUL POPIN
10, rue Grange-Batelière	4, rue Richer

ASSISTÉS DE

M. ARTHUR BLOCHE	M. A. DUREL
EXPERT PRÈS LA COUR D'APPEL	LIBRAIRE-EXPERT
51, rue Saint-Georges	21, rue de l'Ancienne-Comédie

EXPOSITION PUBLIQUE

Le Mercredi 8 Mars 1905, de 1 h. 1/2 à 5 h. 1/2

CONDITIONS DE LA VENTE

————

Elle sera faite au comptant.

Les acquéreurs paieront *dix pour cent* en sus des prix d'adjudication.

————

ORDRE DES VACATIONS

————

Jeudi 9 Mars
Objets catalogués du nº 1 au nº 116.

Vendredi 10 Mars
Livres, Mobilier courant.

Paris. — Imp. de l'Art, E. Moreau et Cⁱᵉ, 41, rue de la Victoire.

DÉSIGNATION

BRONZES, MARBRES

1 — Très belle et importante pendule formée par un groupe allégorique de la Science consultant le Temps, en bronze à patine foncée. Les deux figures sont au pied d'un monument colonne, avec piédestal en marbre rouge griotte et antique, sur lequel s'élève la boule du monde, à cadran tournant ; le socle de la colonne porte la signature : *Manière, Paris* ; le contre-socle tout en bronze ciselé avec moulures à feuillages. Époque Premier Empire.

Haut., 90 cent.

2-3 — Quatre beaux candélabres formés de statuettes de nymphes drapées, debout, bronze à patine foncée, tenant des torchères à six lumières. Ces statuettes sont montées sur des fûts de colonnes en marbre noir, offrant au pourtour la ronde des nymphes, en bronze doré ; les socles sont garnis de tores de lauriers et posent sur des pieds griffons ailés. Époque Premier Empire.

Haut., 1 m. 15 cent.

4 — Belle pendule en marbre blanc, représentant une statuette de femme allégorique de l'Espérance, accoudée sur une borne, avec cadran émaillé marquant les heures, les minutes, les secondes, les mois, les quantièmes. Signé : *Lepaute*. Socle en marbre gris, orné de bronzes dorés. Époque Premier Empire.

Haut., 65 cent.

5 — Jolie pendule en bronze patiné foncée et bronze doré, représentant la Musique : une nymphe tenant une lyre dans laquelle se trouve le cadran signé : *Thomire*, posant sur socle en marbre vert, avec pieds à griffes en bronze doré. Époque Premier Empire.

Haut., 90 cent.

6 — Jolie pendule en bronze doré et patiné ; le cadran, signé : *Sotiard*, est surmonté d'un aigle aux ailes déployées et accosté de deux statuettes assises d'homme dessinant et de femme lisant ; socle en marbre blanc à mascarons et cariatides d'enfants se terminant en arabesques. Époque fin xviiie siècle.

Haut., 55 cent.

7 — Jolie pendule, forme lyre fleurie, en bronze ciselé et doré, cadran à jour ; socle en marbre blanc orné de bronzes. Époque Louis XVI.

8 — Pendule en marbre blanc et bronze doré, surmonté d'une statuette de nymphe en bronze patine foncée. Époque Premier Empire.

9 — Paire de candélabres en bronze noir et doré à branchages, ornés de sept lumières. Époque de la Restauration.

10 — Paire d'appliques analogues, à neuf lumières.

11 — Lustre de même époque, à vingt-quatre lumières.

12 — Paire de flambeaux en bronze ciselé et doré, à cannelures, feuillages et perles.

13-14 — Deux paires de flambeaux en bronze doré, forme colonnes cannelées, avec chapiteaux posant sur bases plates. Époque Premier Empire.

15 — Paire de flambeaux en bronze ciselé et doré. Style Louis XV.

16 — Paire de flambeaux en bronze vert et bronze doré, sur trois-pieds à griffes. Époque Premier Empire.

17 — Paire de grands vases en bronze vert et patiné, offrant sur le pourtour des personnages mythologiques, anses à têtes d'hommes barbus. Époque Premier Empire.

18 — Groupe en bronze : le Laocon, ancienne édition de *Barbedienne*.

19 — Lionne marchant, bronze brun de *Barye*. Signé et daté 1840.

20 — Lionne dévorant un agneau, bronze brun Signé *Barye*.

21 — Groupe en bronze : Lutteurs, sur socles en marbre noir.

22 à 25 — Quatre statuettes en bronze : Hercule, Apollon, Vénus au Dauphin et Diane de Gabies, édition *Barbedienne*; socles en marbre noir.

26 — Deux statuettes en bronze patiné foncé : Voltaire et Rousseau, sur socles en marbre brocatelle, contre-socles en bronze doré.

27 — Cerf marchant, bronze à patine claire, de *Barye*. Signé.

28 — Statuette équestre : Napoléon Ier, socle en marbre jaune de Sienne. Époque Premier Empire.

29 — Deux bas-reliefs en bronze : Enfants danseurs, d'après l'antique. Encadrés.

30 — Coupe ajourée en bronze vert, supportée par trois cariatides de femmes ailées. Époque Premier Empire.

Haut., 55 cent.

3I — Pendule de voyage en bronze vert et bronze doré, cadran signé *Lepaute*. Époque Premier Empire.

32 — Paire de petits flambeaux en bronze doré. Premier Empire.

33 — Quatre bouquets de torchères, à trois lumières, en bronze doré. Premier Empire.

34-35 — Deux paires de chenets en bronze doré : Enfants sur rocailles. Style Louis XV.

36 — Galerie de foyer en bronze patine verte et patine dorée, représentant des lions couchés sur des terrassements, avec pelle et pincettes. Époque Premier Empire.

37 — Galerie de foyer en bronze ciselé. Époque Premier Empire.

38 — Lustre en bronze doré, orné de plaquettes et de pylones en cristal taillé, à trente-cinq lumières. Époque XVIIIe siècle. A été redoré.

39 — Deux brûle-parfums, sur trépieds, en albâtre. Premier Empire.

40 — Statuette en plâtre, représentant Michel de l'Hôpital. Signé : *En 1809, par de Seine.*

4I — Buste en plâtre teinté, bronzé : **Napoléon Ier**, sur socle en bronze doré, à feuilles d'acanthe.

PORCELAINES, BISCUITS
FAIENCES

42 — Deux vases en biscuit, à figures de nymphes. Époque Premier Empire.

43 — Groupe en biscuit de Nast : Triomphe de l'Amour.

44 — Paire de lampes, formées par des potiches, en ancienne porcelaine du Japon, décor à médaillons de paysages sur fond bleu fleuri, monture en bronze de style Louis XV ; accompagnées de leurs couvercles pour servir comme vases.

45 — Paire de grandes lampes, formées de vases, en porcelaine de Chine, décor à nombreux personnages ; monture en bronze de style Louis XV.

46 — Paire de lampes en porcelaine de Chine, fond jaune à fleurs ; monture en bronze.

47 — Paire de vases, à quatre faces, en porcelaine de Chine, décor de paysages et fleurs ; socles en bronze doré.

48 — Deux cornets en vieux Japon ; monture en bronze.

49 — Deux carlins en porcelaine de Saxe, décor
au naturel.

50 — Soupière en faïence de Moustiers, décor
aux Chinois.

51 — Corbeille ajourée en faïence de Marseille,
décorée de fleurs.

52 — Écritoire en faïence de Moustiers, décor
aux Chinois.

53 — Écritoire, avec cartel adhérent, en faïence
de Moustiers, décor polychrome.

ÉMAUX DE LIMOGES

54 — Plaque ovale en ancien émail de Limoges :
Saint Joseph portant l'Enfant Jésus.

55 — Plaque rectangulaire en ancien émail de
Limoges : Prise de voile.

56 — Plaque en ancien émail de Limoges : le
Père éternel entouré d'anges et de chérubins.

57 — Plaque en émail de Limoges : Scène du
Nouveau Testament.

TABLEAUX, GRAVURES

BRUANDET

58 — *La Fuite en Egypte.*

BYRNE et WEBER (D'après)

59 — *La Mort du Capitaine Cook.*
Gravure en noir, par *Bartolozzi.*

CARUSON
(DEUX PENDANTS)

60 — *Le Pape Léon X.*
D'après RAPHAEL..

La Charité.

D'après SCHDOW.

CARON (JULES)

61 — *Les Bords de l'Adriatique.*
Signé à gauche.

DIAZ (N.) (?)

62 — *Femme et enfants.*
Petite peinture ovale. Signée à gauche : N. D.

DROOGSLOOT (J.-C.)

63 — *La Place publique* et *Le Marché*.

Deux jolis tableaux animés de nombreux petits
personnages.

FRANSTELAQUES (MILLET)

64 — *Intérieur rustique.*

Signé sur la cheminée et daté *1717.*

GÉRARD (D'après)

65 — *Napoléon le Grand.*

Gravure en noir, par AUGUSTE BOUCHER-DES-
NOYERS.

GREUZE (D'après)

66 — *La Récureuse.*

GREUZE (D'après)

67 — *La Fille grondée.*

Gravure en noir, par LETELLIER.

68 — *La Fille grondée.*

Dessin signé à droite.

LÉPICIÉ (Genre de)

69 — *L'Enfant à l'oiseau.*

LEPRINCE (Attribué à)

70 — *La Joueuse de mandoline.*

MIGNARD (École de)

71 — *Jeune Fille cueillant des fleurs d'oranger.*

MOITTE (D'après)

72 — *Derniers moments de Démosthène.*

Gravure en noir, par JANINET, datée *1791.*

PATER (École de)

73 — *La Ronde champêtre.*

SCHALKEN (D'après)

74 — *Le Concert de Famille.*

Gravure en noir, par WILLE.

TERBURG (D'après)

75 — *Instruction paternelle.*

Gravure en noir par WILLE.

VERNET (JOSEPH)

76 — *Pécheurs et barque au bord de la mer aux environs d'une grotte.*

Cadre en bois sculpté.

WEST (D'après)

77 — *La Mort de Bayard et d'un guerrier.*
Deux gravures en noir, par GREEN.

WEST (D'après)

78 — *La Mort du général Wolf.*
Gravure en noir, par WOOLLETTE.

ZOFFANY (D'après)

79 — *Académie de sculptures.*
Gravure en noir, par EARLOM.

ÉCOLE FLAMANDE

80 — *Paysans et troupeau.*

ÉCOLE FRANÇAISE

81 — *Jeune Femme, avec perles dans les cheveux et au cou.*
Pastel.

ÉCOLE HOLLANDAISE

82 — *Le Sermon.*

ÉCOLE ITALIENNE (Premier Empire)

83 — *Nymphes.*
Deux gouaches sur fond noir.

ÉCOLE ITALIENNE

84 — *L'Assomption.*

85 — *Saint en extase devant l'Enfant Jésus.*

Deux peintures sur cuivre.

ÉCOLE ITALIENNE

86 — *L'Adoration.*

Peinture sur cuivre.

GREUZE (D'après)

87 — Cinq gravures en noir.

VAN OSTADE (D'après)

88 — *Scènes de cabaret.*

Deux gravures en noir.

89 — Deux grandes gravures en noir : *Hannibal et Régulus.*

90 — Gravure en couleur : *Napoléon Ier et son état-major.*

91 — Gravures non cataloguées.

MOBILIER

92 — Important ameublement de salon en palissandre, orné d'appliques en bronze doré, couverts en lampas rouge groseille, à dessin ton sur ton; composé de deux méridiennes, d'un divan avec trois coussins, de dix fauteuils, de six grandes chaises et quatre petites chaises. Époque du Premier Empire. Signé : *Jacob*.

93 — Bahut avec tiroir formant bureau, ouvrant à deux portes, orné de bronzes dorés, disposé en commode à l'intérieur. Signé : *Jacob*. Dessus en marbre rouge. Époque Premier Empire.

94 — Console en acajou, avec pieds et bandeau, ornée de bronzes ciselés et dorés, dessin à médaillons, branches de laurier, vases et rosaces; fond avec glace. Dessus en marbre blanc. Époque du Premier Empire.

95 — Console en acajou moucheté, ornée de bronzes dorés. Premier Empire.

96 — Commode, à quatre tiroirs, en bois d'acajou, montants à colonnes, ornée de bronzes dorés. Époque du Premier Empire.

97 — Commode, à quatre tiroirs, en acajou moucheté, avec poignées et entrées de serrure. Premier Empire.

98 — Commode en acajou, ornée de filets de cuivre, ouvrant à cinq tiroirs, dont celui du milieu, dans le haut, forme bureau. Dessus en marbre gris. Époque Louis XVI.

99 — Commode en bois d'acajou, ornée de filets et galerie de cuivres. Dessus en marbre blanc. Époque Louis XVI.

100 — Psyché en acajou, ornée de bronzes dorés. Premier Empire.

101 — Six fauteuils, avec pieds et accotoirs à cariatides de sphinx, en acajou foncé. Premier Empire.

102 — Quatre chaises, à dossier sculpté, en acajou. Premier Empire.

103 — Fauteuil roulant en acajou, accotoirs sculptés. Premier Empire.

104 — Table-bureau, formant toilette, en bois d'acajou, avec galerie de cuivre ; dessus en marbre blanc ; tablettes sur les côtés, ornés de cuir vert. Époque fin Louis XVI.

105 — Table-bureau, formant pupitre, en acajou. Époque du Directoire.

106 — Table-pupitre, à la Tronchin, en bois d'acajou, s'élevant à hauteur facultative au moyen d'une crémaillère. Époque fin Louis XVI.

107 — Deux petits pupitres en acajou. Époque Directoire.

108 — Table-trictrac en bois d'acajou, pieds à cannelures, orné de bronzes. Époque Louis XVI.

109 — Lit, forme bateau, en acajou, orné de bronzes dorés. Premier Empire.

110 — Console, formant bureau, en bois d'acajou, avec tablettes sur les côtés. Époque du Directoire.

111 — Table de nuit en acajou, ouvrant à coulisses, coins sculptés à têtes d'hommes. Époque Premier Empire.

112 — Bahut en marqueterie, style de Boulle, garni de bronzes. Dessus en marbre brèche d'Alep.

113 — Deux bibliothèques en bois d'acajou, montants à mi-colonnes, avec chapiteaux et bases en bronze doré. Époque du Premier Empire.

114 — Bibliothèque en bois d'acajou, côtés can-
nelés, façade encadrée de cuivre. Époque
Louis XVI.

115 — Deux coffrets en laque noir, à rehauts
d'or de Chine.

TENTURES

116 — Quatre grands rideaux en soie rouge,
avec bordures à dessin argenté, enroule-
ments fleuris.

LIVRES

117 — Environ 1,500 volumes reliés et brochés:
Histoire, Littérature, Droit, Beaux-Arts,
Voyages, Dictionnaires, Collection de l'*Il-
lustration*, etc., etc.

118 — Mobilier courant.

www.ingramcontent.com/pod-product-compliance
Lightning Source LLC
LaVergne TN
LVHW011026180726
843502LV00007B/2762